AF310353

A mon Père et à ma Mère.

THÈSE
POUR LA LICENCE.

L'acte public sur les matières ci-après sera soutenu le vendredi 5 janvier 1844, à une heure,

Par Hippolyte-Honoré GAGNEUR,
né à Chapois (Jura).

PRÉSIDENT M. DURANTON, PROFESSEUR.

SUFFRAGANTS :
- MM. BERRIAT SAINT-PRIX,
- ROYER-COLLARD,
- BRAVARD,

PROFESSEURS.

- ROUSTAIN,

SUPPLÉANT.

Le Candidat répondra, en outre, aux questions qui lui seront faites sur les autres matières de l'enseignement.

PARIS,
IMPRIMERIE DE Mme Ve BOUCHARD-HUZARD,
RUE DE L'ÉPERON, 7.

1844

JUS ROMANUM.

DE DONATIONIBUS.

(D. 39, 5; Cod. 8, 54).

Donatio dicta est a dono, quasi dono datum. Sic vulgo definitur : liberalitas, nullo jure cogente, sive aliquid detur, sive quis aliquid dare facereve se obliget.

De natura et divisione donationum.

Donationes complures sunt. Dat aliquis ea mente, ut statim velit accipientis fieri, nec ullo casu ad se reverti, et propter nullam aliam causam facit, quam ut liberalitatem et munificentiam exerceat hæc proprie donatio appellatur.

Cæterum ita demum conditio donationi, sive sub qua perficiatui sive sub qua resolvatur, adjici potest, si incontinenti fuerit adjecta; nam perfecta donatio condiitiones postea non capit.

Inter sponsum et sponsam, aut mortis causa sunt, quare sub conditione solvantur, donationes.

Ex substantia donationis est, ut ex sola liberalitatis causa procedat: itaque officiorum mercedes extra causam donationum sunt. Item si quod tibi repenso naturaliter duntaxat debetur. Etiam hoc ita obtinet, cum donatarius ex donatione obligetur. Hi contractus et similes non sunt donationes, sed contractus innominati : *Do ut des, do ut facias.*

Attamen contractus aliquando mixtam habent naturam; ut puta, si quid detur, partim ex liberalitatis causa, partim ex ea causa ut ad aliquid obligetur is qui accipit; non quasi ex donatione, quidem quasi ex altera negotii speeie quæ donationi misçetur, donatarius obligatur.

Distinguendum est utrum tanquam conditio, seu tanquam lex dandi aut faciendi ut donatarius eo nomine obligetur ; an tanquam mera causa quæ ad dandum impulerit, donationi adjicitur ut donatarius det aut faciat. Nam si causa fuit, cesasre repetitionem ; si conditio, seu lex dandi aut faciendi, repetitioni locum facere.

Interdum cum conditio seu lex dandi aut faciendi donationi ad-iicitur, *utilis vendicatio* datur, favore alimentorum occur ente.

Conditio seu lex dandi aut faciendi quæ donationi adjicitur, non solum hunc effectum habet ut re non secuta condici possit quod donationi est; sed etiam, si malit donator, parit ipsi actionem ut donatarium compellat ad illud dandum aut faciendum.

Hæc actio, sive stipulatione tibi prospexisti, *ex stipulatu;* sive non, incerto judicio, id est præscriptis verbis.

Soli autem donatori olim actionem parere poterat lex dandi aut faciendi donationi apposita. Postea benigne receptum est ut ei, cui dari donator jusserat, utilis actio accomodaretur.

De forma conficiendarum donationum.

Ad donationem conficiendam requiritur consensus, saltem taci-tus, donatoris et donatarii : nam nec ignorans, nec invitus quisque donat; et vice versa, non potest liberalitas nolenti aut ignoranti adquiri.

Ex quibus tamen causis ignoranti donari potest; puta, si quis mihi donationes, det personis quas in potestate habeo : item si quid in rem meam impendatur.

Quando donationi adjecta est conditio, requiritur consensus, eo duntaxat tempore quo conditio contrahitur, non cum conditio impletur.

Præter consensum, quem naturalis ratio desiderat, lex Cineia id requirit, ut solemnis mancipatio interveniat, si res donata sit *mancipi;* vel saltem traditio, si res sit *nec mancipi.*

Etiam per interpositam personam donatio consummari potest.

Cum persona a donatore interposita fuerit, non prius perficitur donatio, quam interposita persona rem ipsi donatario mancipaverit, tradideritve, donatore superstite, et in eadem donandi voluntate perseverante. Quod si à donatario fuerit interposita persona, sufficit ad liberalitates consummationem rem interpositæ personæ mancipatam traditamve fuisse.

Ad donationem perficiendam sufficit traditio symbolica, puta per instrumentorum traditionem.

Et in donatione nominum, pro traditione est, si mandentur actiones, nullomodo requisito debitoris consensu.

Nuda donandi conventio prorsus erat inutilis; sed ab hac regula Divus Pius exceperat donationes inter parentes et liberos, quas nuda voluntate fieri posse voluerat.

Hanc legem confirmavit Constantinus, et ad donationes perficiendas solemnitates novas invexit. Jussit ut in scriptis fierent, ut advocarentur testes quam plurimi, et vicini; denique ut actis insinuarentur, scilicet, Romæ, apud magistratum census, in aliis vero civitatibus apud magistratum cujuslibet provinciæ quem donator eligere maluerit.

Idem imperator corporalis traditionis necessitatem, a qua jam recessum erat per eas fictas traditionis species quæ *brevis manus,* aut symbolicæ dicuntur, in donationibus restituit.

Omnes illæ solemnitates, quæ circa formam donationum erant, postea remissæ sunt, præter insinuationem. Theodosius et Valentinianus ita rescribunt : etsi sine scripto donatum quid fuerit, adhibitis aliis idoneis documentis, hoc quod geritur comprobatur.

Hoc confirmavit Zeno, qui etiam necessitatem adhibendorum testium remisit.

Justinianus amplius progressus est, et constituit ut ex nuda con-

ventione citra ullam donationem aut stipulationem donatio valeret,
ita ut donator ex illa conventione ad præstandum id quod donatum
est, sive certum corpus fuit, sive universitates, sive certa quantitas.

Unica jure Justinianeo solemnitas observanda superest, scilicet
donationum insinuatio in actis publicis.

Theodosius exceperat illas in quibus quod donaretur non excederet ducentos solidos. Justinianus facultatem donandi citra insinuationem ad trecentos solidos erexit; et si in pias causas facta
esset donatio, ad quingentos.

Deinde indistincte omnes donationes quæ non excederent quingentos solidos, à necessitate insinuationis absolvit.

Sunt et aliæ donationes, cujusvis quantitatis sint, in quibus
insinuatio non requiritur, scilicet, donationes imperiales, et vicissim
illæ quas privati in imperatorem conferunt.

Item donationes mobilium vel sese moventium quæ magistri militum præstant militibus; donationes quæ ad redemptionem captivorum, aut ad refectionem collapsarum exustarumve ædium fiunt;
donationes mobilium quæ fiunt monasterio ab eo qui monasterium
ingreditur.

Illud autem quæritur: si quis diversis temporibus alieni donationes fecerit, quæ singulæ quantitatem legitimam non excedant,
coacervatæ excedant, an omnes absque insinuationem valeant? Justinianus constituit valere.

Illud præterea constituit ut, si quis donaverit in singulos vitæ donatarii annos certam annuam quantitatem, quæ in singulos annos
legitimam summam non excederet, donatio insinuatione non indigeret, quamvis coacervatæ plurium annorum pensiones legitimam
quantitatem excederent. Secus esse voluit, si heredum ex utraque
parte facta esset mentio.

Cum donationes ultra quantitatem legitimam insinuatione indigeant, sic accipiendum esse docet Justinianus, non ut omnino non
valeant, sed ut intra legitimam quantitatem duntaxat valeant.

Quis donare possit.

Quominus quis donare possit, impedimento est vel defectus consilii, vel conditio personæ, vel crimen :

1° Mente captus donare non posse respondit Modestinus.

2° Filiusfamilias quoque donare non potest, nisi de castrense vel quasi castrense peculio agatur : quod quidem verum est cum donatio mortis causa sit.

3° Donationes post contractum capitale crimen factæ non valent, dummodò condemnatio secuta fuerit.

Senectus vero ad donationem faciendam sola non est impedimento.

Quibus donari possit.

Etiam in extraneos et sæpe ignotos, donationem collatam valere receptum est.

Nec refert ex qua causa donatarius donationis affectionem promeruerit; nam affectionis gratia neque honestæ, neque inhonestæ, donationes sunt prohibitæ.

Illis autem personis quæ in nostra potestate sunt, donare non possumus, quia id totum quod adquirunt nobis adquiritur.

Quid et quantùm donari possit quælibet res donari possit, ex qua vis origine ad donatorem pervenerunt.

Portionem propriam rebus nondum divisis, nemo prohibetur titulo donationis in alium transferre. *L.* 12, *Cod. hic tit.*

Non solum in corporibus, de quorum dominio in donatarium transferrendo agatur, consistere potest donatio : nam in ædibus alienis habitare gratis, donatio videtur. Potest et citra corporis donationem, valere donatio, veluti si donationis causa, cum debitore meo paciscar, ne ante certum tempus ab eo petam. Denique vel mera spes donari potest.

Jure novissimo donari potest et pars bonorum.

8

Si deducto usufructu fundus detur, traditionem jure intelligi
fore.

Rarissimæ ab initio apud Romanos donationes; sed postea tanta
fuit in donando sumptuositas, ut legibus eam refrenari necesse
fuerit. Lex Cincia omnibus donationibus certum modum imposuit,
nisi quibusdam cognatis factæ essent; sed si plus donatum sit, non
rescindit : valet intra legitimum modum donatio.

Circa legem Cinciam observandum superest, quasdam donationes
fuisse, in quibus non bservandus modus hac lege definitus, talis
erat illa qua creditor usuras futuri tempori remittebat.

Item ei qni aliquem a latrunculis vel hostibus eripuit, in infini-
tum donare non prohibetur : quia contemplationem salutis certo
modo æstimari non placuit.

De effectu donationum.

Si per traditionem donatio confecta est, donationis effectus est,
ut dominium rei donatæ, quæ a domino aut voluntate domini
tradita est, ad donatarium transferatur.

Cæterum donator non se obliget evictionis nomine. Hinc Labeo
ait, si quis mihi rem alienam donaverit, inque eam magnos sump-
tus fuero, et sic evincatur, nullam mihi actionem contra donatorem
competere. Plane de dolo posse me adversus eum habere actionem,
si dolo fecit. Si per stipulationem donatio confecta est, donationis
effectus est, ut donatarius actionem *ex stipulatu* ad rem donatam
obtinendam adversus donatorem habeat. Jure Justinianeo quo
nudo pacto conficitur, ex illo pacto nascitur *condictio ex lege.*

Qui ex donatione se obligavit, ex rescripto D. Pii, in quantum
facere potest convenitur; et id quo creditoribus debetur erit detra-
hendum.

De Donationum revocatione.

Donatio quæ sine ulla mortis cogitatione fit, sola donatoris voluntate revocari non potest. Justam revocationis causam subesse necesse est, quales in primis sunt causæ ingratitudinis.

Has ita Justinianus recenset. Generaliter sancimus omnes donationes confectas, firmas illibatasque manere; si non donationis acceptor ingratus contra donatorem inveniatur; ita ut injurias atroces in eum effundat; vel manus impias inferat; vel jacturæ molem ex insidiis suis ingerat, quæ non levem sensum substantiæ donatoris imponat; vel vitæ periculum aliquod ei intulerit; vel quasdam conventiones, in scriptis donationi impositas, sive sine scriptis habitas quas donationis acceptor spopondit, minime implere voluerit.

Constantinus et Constantius definiverunt, hoc jus revocandi donationes ex causa ingratitudinis, non porrigi ad ea quæ ante cœptum jurgium alienat donatarius; nec heredi donatoris, nec in heredem donatarii competere.

Aliam causam, ex qua revocari possit donatio, tradunt iidem imperatores, si unquam libertis, patronus filios non habens, bona omnia vel partem aliquam facultatem fuerit donatione largitus, et postea susceperit liberos; totum quidquid largitus fuerit, revertatur in ejusdem donatoris arbitrio ac dictione mansurum.

Apud nos usus fori hanc legem quæ de patrono libertis donante loquitur, porrexit ad quemvis donatorem liberos non habentem.

DROIT FRANÇAIS.

DES DONATIONS ENTRE-VIFS DE BIENS PRÉSENTS.

La donation entre-vifs est une des deux manières exclusivement admises par le code civil, d'acquérir et de transmettre la propriété *à titre gratuit ;* l'art. 894 la définit un acte par lequel le donateur se dépouille actuellement et irrévocablement de la chose donnée en faveur du donataire qui l'accepte.

Le législateur, parce que les libéralités entre-vifs privent nos héritiers de leurs légitimes espérances, s'est montré peu favorable à cette manière de disposer ; aussi voit-on que la donation entre-vifs a été l'objet de restrictions nombreuses, qu'elle a été assujettie à des formalités gênantes...... Nous allons voir la forme dans laquelle elle doit être faite, et les effets qu'elle produit.

PREMIÈRE PARTIE.

De la forme des donations entre-vifs. (Forme de l'acte portant donation.)

Lorsque deux personnes consentent, l'une à faire, l'autre à accepter une libéralité, elles doivent, pour rendre leur convention obligatoire, consigner leurs volontés dans un acte ; cet acte, aux termes de l'art. 931, sera passé devant notaire, et il en restera minute sous peine de nullité.

Ainsi, pour la confection des actes portant donation entre-vifs, on devra observer les formalités de la loi de ventôse an XI sur le *notariat :* si l'une de celles prescrites à peine de nullité avait été omise, l'acte étant nul, la donation serait non avenue; c'est pour cela que les art. 1338 et 1339 disposent que le donateur ne pourra valablement ratifier une donation nulle pour vices de forme, ni expressément par acte confirmatif, ni tacitement par exécution volontaire; ses héritiers, d'après l'art. 1340, pourront la ratifier de l'une ou de l'autre de ces deux manières.

Les donations de meubles, lorsqu'elles sont faites de la main à la main, n'ont pas besoin d'être constatées par acte : le donataire, mis en possession des objets donnés, en devient, par l'effet de la maxime, *en fait de meubles possession vaut titre*, propriétaire incommutable. Mais, dans toutes libéralités d'immeubles, un acte est nécessaire, non-seulement pour que le donataire puisse forcer le donateur à lui délivrer les biens donnés, mais encore pour que, nanti de ces biens, il soit à l'abri de toute revendication.

Les donations de meubles qui ne sont pas immédiatement effectuées par la tradition doivent aussi, pour que le donateur soit tenu de remplir son engagement, être faites par acte; la loi exige même, pour les actes portant donation d'effets mobiliers, une formalité particulière : un état estimatif des meubles donnés, signé du donateur et du donataire ou des personnes chargées d'accepter au nom de ce dernier, doit être annexé à la minute de l'acte de donation.

Quand la donation est la condition d'une stipulation que le donateur fait pour lui-même, elle peut être par acte non en la forme prescrite par l'art. 931 ; une telle libéralité faite par acte sous seing privé sera valable.

Et, d'après la jurisprudence de la cour de cassation, les donations entre-vifs déguisées sous la forme de contrats *à titre onéreux* valent jusqu'à concurrence de ce dont peut disposer celui qui consent de pareilles aliénations, et pourvu qu'il les consente au profit de personnes capables de recevoir de lui à titre de donation.

De l'acceptation des donations.

La donation, étant, comme cela résulte de la définition qu'en donne la loi, un véritable contrat, doit être acceptée par le donataire, et, selon l'art. 932, *en termes exprès,* pour engager le donateur et produire ses effets.

L'acceptation expresse, prescrite sans doute pour entraver les dispositions à titre gratuit, n'est plus exigée pour les donations faites par contrat de mariage aux époux, ou à l'un d'eux; l'acceptation tacite résultant de la signature de l'époux donataire au contrat de mariage suffit pleinement.

Si la donation est la condition d'une stipulation, ou d'une autre donation, le donataire accepte valablement, quelle que soit la manière dont il manifeste l'intention de profiter du bienfait qui lui est conféré.

Le donateur n'est pas lié quand la donation n'a pas été acceptée, mais il est censé persévérer dans sa volonté de donner tant qu'il ne révoque pas : or, si, avant qu'il y ait eu révocation de sa part, le donataire vient à accepter, la donation reçoit sa perfection.

L'acceptation postérieure devra être faite par acte en la forme authentique, avec minute, et notifiée au donateur; ce n'est qu'à partir du moment de la notification que la donation aura effet à l'égard du donateur.

Puisque le contrat de donation reçoit sa perfection par l'acceptation du donataire, il est évident qu'il faut que le donateur, à l'époque où cette acceptation est faite, ne soit mort ni naturellement ni civilement. Lorsque le donataire sera mort naturellement ou civilement avant d'avoir accepté, ses héritiers ne pourront utilement accepter, car ce n'est pas à eux que le donateur a voulu faire une libéralité.

Bien mieux, en présence de l'art. 932, qui décide que la donation n'aura d'effet que du jour où son acceptation (on suppose qu'elle est postérieure) aura été notifiée au donateur, ne doit-on pas en conclure que la notification ne pourra être efficacement faite quand le donateur ou le donataire sera mort naturellement ou civilement.

Il faut aussi que le donateur soit capable de contracter au moment de l'acceptation, et même, selon nous, au moment de la notification de l'acte contenant acceptation. Si le donataire était devenu incapable de contracter avant l'une ou l'autre de ces époques, l'acceptation et la notification, ou l'acceptation seulement, seront utilement faites par les personnes ayant qualité à cet effet.

De droit commun, on peut se porter fort pour un autre en promettant le fait de celui-ci. Cette règle reçoit exception en matière de donation ; le donataire seul, s'il est capable, peut accepter, ou faire accepter en son nom, *par une personne fondée de sa procuration, portant pouvoir d'accepter la donation faite, ou pouvoir général d'accepter les donations qui auraient été ou qui pourraient être faites*. Cette procuration devra être passée par acte notarié, et une expédition en sera annexée à la minute de l'acte de donation ou à la minute de l'acte d'acceptation postérieure.

Le pouvoir d'accepter emporte virtuellement le pouvoir de notifier l'acceptation.

Toute personne capable de recevoir une donation n'est pas capable de l'accepter : ainsi la femme mariée ne peut accepter celle qui lui est faite sans le consentement de son mari, ou, au refus de ce dernier, sans autorisation de la justice.

Les donations faites à des mineurs non émancipés ou à des interdits devront être acceptées par leurs tuteurs, autorisés par le conseil de famille : ainsi acceptées, elles auront, à l'égard des mineurs ou interdits, le même effet qu'à l'égard de personnes majeures et non interdites.

Le défaut d'acceptation, anéantissant toutes libéralités, a dû, autant que possible, être prévenu par la loi : en conséquence, elle permet, aux père et mère ou autres ascendants, d'accepter les donations faites à leurs enfants et descendants mineurs émancipés ou non, et cela sans l'autorisation préalable du conseil de famille.

Les aïeux ou aïeules exerceront, concurremment avec les père et mère, la faculté d'accepter les donations au profit de leurs descendants mineurs.

L'aïeule et la mère mariées pourront, même sans autorisation de leurs maris respectifs, accepter une donation pour leurs enfants ou descendants mineurs.

Le mineur émancipé pourra accepter avec l'assistance de son curateur.

L'article 935, qui parle des père et mère et autres ascendants des mineurs émancipés ou non, sans faire mention des père et mère et ascendants des interdits, a-t-il voulu refuser à ces derniers l'autorisation qu'il accordait aux autres? Cela semble peu probable quand on se reporte à l'art. 509; cependant il sera plus prudent de faire accepter les donations faites à des interdits par leurs tuteurs, autorisés du conseil de famille.

Le sourd-muet, quand il sait écrire, peut accepter lui-même ou par un fondé de pouvoir.

S'il ne sait pas écrire, l'acceptation devra être faite par un curateur *ad hoc*.

Les personnes morales, telles que les hospices, les établissements d'utilité publique, les communes, ne pouvant agir que par leurs représentants légaux, les libéralités faites à leur profit seront acceptées par les administrateurs, préalablement autorisés.

DEUXIÈME PARTIE.

Des effets de la donation entre-vifs.

Lorsque la donation a été faite et acceptée dans les formes prescrites, la propriété des objets donnés (s'ils sont corps certains) est, d'après le principe admis par le code civil, immédiatement transférée au donataire.

Mais, si les objets donnés sont des immeubles susceptibles d'hypothèques, la propriété n'en sera transférée, à l'égard des tiers, qu'autant que la donation aura été rendue publique par la transcription, au bureau des hypothèques de l'arrondissement de la situation des biens, de l'acte de donation, et, s'il y a lieu, de l'acte d'acceptation, ainsi que de l'exploit de notification de cet acte.

Le code a conservé, pour les aliénations à titre gratuit seulement, le système de la loi de brumaire an VII.

La donation faite à des femmes mariées, à des mineurs ou interdits, aux hospices ou autres établissements publics sera transcrite à la diligence des maris, tuteurs ou curateurs, et administrateurs. Du reste, les femmes mariées, d'après une disposition formelle, et les mineurs et interdits, d'après l'esprit de la législation, pourront y faire procéder de leur chef. La formalité de la transcription étant, en ce qui concerne les tiers, de l'essence de la donation, son omission rendra la libéralité absolument nulle à leur égard. Ainsi les femmes mariées, les mineurs ou interdits, si le cas échet, ne seront point restituables, l'art. 942 le décide positivement; ils auront seulement recours contre leurs maris ou tuteurs.

Le défaut de transcription peut être opposé par toutes personnes ayant intérêt, excepté, toutefois, celles qui sont chargées de faire faire la transcription ou leurs ayants cause, et le donateur. (941).

Quelles sont donc les personnes ayant intérêt à opposer le défaut de transcription? Ce sont d'abord, et sans contredit, celles qui, postérieurement à la donation, ont acquis, *à titre onéreux*, des droits sur les biens donnés; et, parmi celles qui en auraient acquis *à titre gratuit*, le donataire et le légataire pourront aussi se prévaloir du défaut de transcription, mais les héritiers du donateur ne le pourront pas.

Les donations entre-vifs de biens présents faites par contrat de mariage aux époux ou par les époux l'un à l'autre, étant soumises aux régles générales, ne sont point dispensées de la formalité de la transcription.

La loi ne fixe pas de délai pour faire faire la transcription; mais il est de l'intérêt du donataire qu'elle ne soit pas différée, puisque c'est à partir de sa date qu'il acquerra à l'égard des tiers.

Du dépouillement actuel et irrévocable.

Autant pour assurer la stabilité de la propriété que pour rendre les particuliers moins enclins à se dépouiller *à titre gratuit*, l'ancienne jurisprudence voulait que la donation entre-vifs produisît des effets certains et qu'elle fût irrévocable; de là la maxime, *donner et retenir ne vaut*. L'esprit de cette maxime se retrouve tout entier dans notre législation.

La donation entre-vifs ne pourra comprendre que les biens présents du donateur; si elle comprend des biens à venir, elle sera nulle à cet égard. (943.)

Puisque l'irrévocabilité est un caractère essentiel de la donation entre-vifs, on devrait ne pas permettre de disposer, à ce titre, de biens à venir, afin qu'il ne fût pas au pouvoir du donateur de rendre sa libéralité illusoire, en négligeant de se procurer les biens donnés.

Ne devra point être regardée comme donation prohibée la donation d'une somme à payer à la mort, ou à une époque déterminée, après la mort du donateur; ni celle de fruits à naître de biens lui appartenant actuellement; ni celle de profits à retirer d'une société à temps déjà formée. Dans tous ces cas, le donateur étant lié irrévocablement, il ne peut plus dépendre de sa volonté d'anéantir les effets de la donation.

Du reste, on peut donner toute espèce de biens présents; on peut aussi donner un démembrement de la propriété, un droit d'usufruit, d'usage et d'habitation, et un droit de servitude. On peut également

ne donner que la nue propriété d'une chose, en se réservant l'usufruit ou en en disposant au profit d'un autre.

Lorsque la donation d'effets mobiliers aura été faite avec réserve
d'usufruit, le donataire sera tenu, à l'expiration de l'usufruit, de
prendre les effets donnés dans l'état où ils se trouveront, et il aura
action contre le donateur ou ses héritiers pour raison des objets non
existants, jusqu'à concurrence de la valeur qui leur aura été donnée
dans l'état estimatif. (950.)

Le donateur ne sera point obligé de faire raison des objets péris par
cas fortuits ; car il ne doit pas être traité avec plus de rigueur qu'un
usufruitier ordinaire.

Si le législateur a prohibé les donations de biens à venir, il avait
de plus graves raisons encore de prohiber celles qui sont faites sous
conditions potestatives de la part du donateur. Toute donation
entre-vifs, porte l'art. 944, faite sous des conditions dont l'exécution dépend de la seule volonté du donateur, sera nulle.

Elle sera pareillement nulle si elle est faite sous la condition
d'acquitter d'autres dettes ou charges que celles qui existaient à
l'époque de la donation, ou qui seraient exprimées, soit dans l'acte
de donation ou dans l'acte qui devrait y être annexé (945).

On voit aisément qu'une telle condition laisserait le donateur
maître, sinon d'empêcher l'exécution de la donation, du moins d'en
annihiler les effets.

Les diverses prohibitions que nous venons de parcourir ne s'ap-
pliquent pas aux donations faites par contrat de mariage.

Conditions sous lesquelles la donation peut être faite.

Une donation, comme un autre contrat, peut être faite sous une
condition suspensive ou sous une condition résolutoire, et la condition, considérée sous l'un ou l'autre rapport, peut être purement
casuelle ou potestative (de la part du donataire, toutefois), ou mixte.
La stipulation du retour des objets donnés, si le donateur survit

3

au donataire seul, ou au donataire et à sa postérité, est un cas de condition résolutoire.

Le droit de retour ne peut être stipulé qu'au profit du donateur : s'il avait été stipulé au profit d'un tiers, la stipulation serait réputée non écrite seulement; on la regarderait comme illicite.

La stipulation du droit de retour étant une condition résolutoire, si l'événement auquel elle est subordonnée vient à se réaliser, on appliquera la règle *resoluto jure dantis, resolvitur jus accipientis*. Toutes les aliénations consenties par le donataire seront résolues, et les biens donnés rentreront dans les mains du donateur francs et quittes de toutes charges et hypothèques.

Cependant, quand la donation avec clause de retour a été faite au mari par contrat de mariage, la femme peut, subsidiairement seulement, exercer sur les biens donnés son recours pour sa dot, ses reprises et conventions matrimoniales.

Des exceptions à la règle de l'irrévocabilité des donations entre-vifs.

La donation entre-vifs, que nous avons déjà vue révocable par l'effet de la stipulation du droit de retour et par l'effet des conditions résolutoires en général, l'est encore dans trois cas notables.

Ces cas sont

1° L'inexécution des conditions sous lesquelles la donation a été faite ;

2° L'ingratitude du donataire envers le donateur ;

3° La survenance d'un enfant légitime au donateur qui n'en avait pas au temps de la donation.

Nous allons les traiter successivement.

Révocation pour cause d'inexécution des conditions sous lesquelles la donation a été faite.

Les *conditions* dont parle l'art. 953 sont des charges que le donateur impose à sa libéralité : les Romains les appelaient *modus,* c'est-à-dire une cause future.

La donation faite sous des conditions de cette nature, ou sous des charges, est donc un contrat synallagmatique régi par les principes sur la matière. Or, dans les contrats synallagmatiques, la condition résolutoire est toujours sous-entendue pour le cas où l'une des parties ne satisfera pas à son engagement; mais l'événement de cette condition n'opère pas de plein droit la révocation.

Ainsi, pour revenir au cas de donation faite avec charges, quand le donataire ne remplit pas ses engagements, le donateur a action pour faire prononcer la révocation : si la révocation est prononcée, les biens donnés rentreront dans les mains du donateur francs et quittes de toutes charges et hypothèques; ils pourront aussi être revendiqués contre les tiers détenteurs. Le donataire, attendu la mauvaise foi où il était en n'exécutant pas les conditions, n'aura pas fait les fruits siens, sauf à les compenser avec la valeur des charges qu'il aurait acquittées.

Au lieu de demander la révocation de la donation, le donateur, conformément à l'art. 1184, pourra contraindre le donataire à exécuter les charges imposées à la donation. La durée de l'action à l'effet de demander la révocation d'une donation faite avec charges, ou de forcer le donataire à acquitter les charges, est de 30 ans.

De la révocation pour cause d'ingratitude du donataire envers le donateur.

Celui qui reçoit une donation s'impose le devoir de la reconnaissance envers celui qui la fait; s'il manque à ce devoir, s'il est ingrat, il pourra être déchu du bienfait qu'on lui a conféré.

Toutefois on sent que la loi n'a pas dû autoriser le donateur à demander la révocation de la donation pour cause d'ingratitude dans des cas illimités; elle les a restreints au nombre de trois, ce sont les suivants :

1° Si le donataire a attenté à la vie du donateur;

2° S'il s'est rendu coupable envers lui de sévices, délits ou injures graves;

3° S'il lui refuse des aliments.

Si le donataire a attenté à la vie du donateur. Il peut paraître superflu d'avoir exprimé ce cas dans la loi, du moment où l'on décidait que la donation pouvait être révoquée quand le donataire s'était rendu coupable envers le donateur de sévices, délits ou injures graves; mais c'est que les cas d'ingratitude, placés sous l'art. 955, ont été puisés dans les lois romaines, où ils se trouvaient tous spécifiés.

Il suffit, au surplus, que le donataire ait attenté à la vie du donateur, pour que la donation puisse être révoquée : il n'est pas besoin qu'il ait été condamné pour ce fait, ainsi que l'exige l'art. 227, quand il s'agit de déclarer indigne un héritier.

Le second cas où la donation peut être révoquée pour ingratitude est le cas de sévices, délits et injures graves.

On voit, par les termes généraux dont s'est servie la loi, qu'il a été laissé à la prudence des tribunaux de décider quand les faits imputés au donataire seront de nature à entraîner la révocation de la donation.

Quand le donateur qui s'est dépouillé gratuitement tombe dans l'indigence, le donataire doit lui venir en aide.

Les secours qu'il devra fournir se calculeront sur ses moyens et sur les besoins du donateur.

La révocation pour cause d'ingratitude doit être demandée en justice.

Elle devra être demandée dans l'année, à compter du jour du délit imputé au donataire, ou du jour où ce délit aura pu être connu par le donateur.

Le donateur qui n'a pas agi en temps voulu est censé avoir fait remise de l'injure.

La demande en révocation pour cause d'ingratitude étant basée sur un fait personnel au donateur, ses créanciers ne pourront l'exercer pour lui.

L'action en révocation pour cause d'ingratitude ne pourra être intentée contre les héritiers du donataire. Ainsi les héritiers du donataire, en se rendant ingrats envers le donateur, n'encourront pas la peine attachée à ce fait; et, lorsque le donateur, offensé par le donataire, n'aura pas intenté action du vivant de ce dernier, il ne pourra avoir recours contre eux.

Les héritiers du donateur ne peuvent non plus demander la révocation au donataire, à moins que leur auteur ne soit mort dans l'année, à partir du jour du délit ou du jour où il a été connu de celui qui en était l'objet. Les héritiers du donateur pourront aussi continuer les poursuites commencées du vivant de ce dernier.

La révocation pour cause d'ingratitude ne préjudicie ni aux aliénations faites par le donataire, ni aux charges et hypothèques créées de son chef, pourvu que le tout soit antérieur à l'inscription de la demande en révocation, faite en marge de la transcription de la donation.

Dans le cas de révocation pour cause d'ingratitude, le donataire est condamné à restituer la valeur des objets aliénés, eu égard au temps de la demande.

Les donations faites par contrat de mariage ne sont pas révocables pour cause d'ingratitude.

De la révocation pour survenance d'enfants au donateur.

La loi suppose que celui qui donne au moment où il n'a pas d'enfants ne donnerait peut-être pas s'il pensait en avoir un jour; et, érigeant aussitôt cette supposition en présomption légale, elle subordonne toutes donations entre-vifs à la condition tacite s'il survient des enfants au donateur. L'effet de cette condition est d'opérer la révocation de la donation.

Presque toutes les donations sont soumises à cette cause de révocation; on n'en excepte que celles faites par contrat de mariage par ascendants aux époux, ou par les époux l'un à l'autre.

La révocation a lieu pour survenance d'un enfant légitime, pour survenance d'un enfant légitimé (pourvu qu'il naisse après la donation); elle a lieu aussi pour survenance d'un enfant posthume; et peu importe, dans tous les cas, que l'enfant du donataire ou de la donatrice ait été conçu au temps de la donation.

Pour que la donation puisse être révoquée, il faut que l'enfant naisse viable.

La révocation pour survenance d'enfants s'opère de plein droit et nonobstant toute clause contraire.

Elle a pour effet d'anéantir complètement la donation. Les biens donnés rentreront dans le patrimoine du donateur, sans qu'ils puissent demeurer affectés à la restitution de la dot de la femme, de ses reprises et autres conventions matrimoniales.

Le donataire fera les fruits siens jusqu'au moment de la notification de la survenance d'enfants.

La donation anéantie par la survenance d'enfants au donateur ne peut revivre qu'en vertu d'une disposition nouvelle : elle ne peut être ratifiée ni expressément par acte confirmatif, ni tacitement par exécution volontaire; c'est pour cette raison que le donataire qui aurait été mis ou laissé en possession de l'objet donné, après la survenance d'un enfant au donateur, n'en serait pas moins obligé de le restituer.

Les héritiers du donataire et tous tiers détenteurs ne pourront opposer la prescription qu'après une possession de 30 ans, à partir de la naissance du dernier enfant, et sans préjudice des interruptions de droit.

FIN.

QUESTIONS.

Lorsque le donataire incapable a expressément accepté, la donation est-elle absolument nulle? Non.

Lorsqu'une donation de biens présents et à venir, faite hors contrat de mariage et avec charges, a été réduite aux biens présents, le donataire est-il tenu d'acquitter toutes les charges? Oui.

Lorsque la donation est d'une quote-part, le donataire est-il chargé de la partie des dettes du donateur correspondante à la quotité de biens qu'il a reçus? Oui.

La mort civile du donateur ou du donataire doit-elle être prise en considération dans le cas de stipulation de droit de retour? Non.

En quoi la révocation par l'effet des conditions résolutoires diffère-t-elle de la révocation pour cause d'inexécution des conditions (*charges*) sous lesquelles la donation a été faite?

Dans le cas de révocation de donations mutuelles pour survenance d'enfant au donateur, *quid*?